Jim Davis
Garfield
im Paradies

Sein Buch zum 5. Film

Wolfgang Krüger Verlag

Aus dem Amerikanischen von Waltraud Götting

COPYRIGHT © 1988 United Feature Syndicate, Inc. All Rights Reserved
Based on the English language book »GARFIELD in paradise« (© 1986 United Feature Syndicate, Inc.)
Created by Jim Davis. Designed by Gary Barker

Deutsche Ausgabe:
COPYRIGHT © 1988 United Feature Syndicate, Inc. Alle Rechte vorbehalten
Deutsche Erstveröffentlichung im S. Fischer Verlag GmbH, Frankfurt am Main
Umschlag: Jim Davis
Druck und Bindung: Clausen & Bosse, Leck
Printed in Germany
980-ISBN-3-8105-0755-5

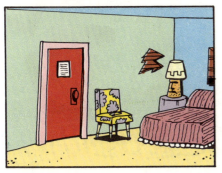

EHH, FEUA DA BUGGA AN! BISSER FLOTT! ALLE WETTE DA BUGGA KANN ABDÜSEN! MUSSA MENGER SAFF DRINNER HABEN

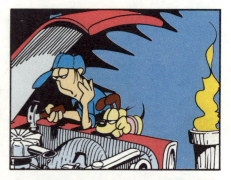

Kater Garfield
begeistert die ganze Familie

GARFIELD: © 1978 United Feature Syndicate, Inc.

Garfield langt zu.
Sein erstes Buch. Katzen-Comics.
128 S. Brosch. DM 9,80

Garfield schläft sich durch.
Sein zweites Buch. Katzen-Comics.
128 S. Brosch. DM 9,80

Garfield überlebensgroß.
Sein drittes Buch. Katzen-Comics.
128 S. Brosch. DM 9,80

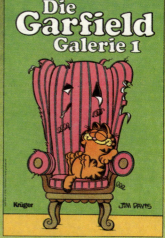

Garfield breitet sich aus.
Sein viertes Buch. Katzen-Comics.
128 S. Brosch. DM 9,80

Garfield tritt ins Rampenlicht.
Sein Buch zum Film. Katzen-Comics.
64 farb. S. Brosch. DM 9,80

Garfield geistert durch die Stadt.
Sein Buch zum 2. Film. Katzen-Comics.
64 farb. S. Brosch. DM 9,80

Die Garfield-Galerie.
Katzen-Comics. 96 S.,
durchgehend farbig. Brosch. DM 14,80

Kater Garfield

begeistert die ganze Familie

Garfield sahnt ab.
Sein fünftes Buch. Katzen-Comics.
128. S. Brosch. DM 9,80

Garfield setzt an.
Sein sechstes Buch. Katzen-Comics.
128 S. Brosch. DM 9,80

Garfield in der Wildnis.
Sein Buch zum 3. Film.
64 farb. S. Brosch. DM 9,80

»Wenn du dünner aussehen willst ...
umgib dich mit Leuten, die dicker sind
als du.« Garfield

Wolfgang Krüger Verlag

GARFIELD: © 1978 United Feature Syndicate, Inc.

Die Garfield-Galerie 2.
Katzen-Comics. 96 S.,
durchgehend farbig. Brosch. DM 14,80